Autores varios

Constitución de la República Dominicana de 1994

Barcelona 2024
Linkgua-ediciones.com

Créditos

Título original: Constitución de la República Dominicana.

© 2024, Red ediciones S. L.

e-mail: info@linkgua.com

Diseño de cubierta: Michel Mallard.

ISBN rústica ilustrada: 978-84-9007-344-5.
ISBN tapa dura: 978-84-1126-717-5.
ISBN rústica: 978-84-9816-130-4.
ISBN ebook: 978-84-9897-159-0.

Sumario

Votada y proclamada por la Asamblea Nacional en fecha 14 de agosto de 1994. LA ASAMBLEA NACIONAL EN NOMBRE DE LA REPÚBLICA Constituida en Asamblea Revisora de la Constitución, declara en vigor el siguiente texto de la CONSTITUCIÓN DE LA REPÚBLICA DOMINICANA

Título I

Sección I. De la Nación, de su Soberanía y de su Gobierno

Artículo 1. El pueblo dominicano constituye una Nación organizada en Estado libre e independiente, con el nombre de República Dominicana.

Artículo 2. La soberanía nacional corresponde al pueblo, de quien emanan todos los poderes del Estado, los cuales se ejercen por representación.

Artículo 3. La Soberanía de la Nación dominicana, como Estado libre e independiente es inviolable. La República es y será siempre libre e independiente de todo poder extranjero. Por consiguiente, ninguno de los poderes públicos organizados por la presente Constitución podrá realizar o permitir la realización de actos que constituyan una intervención directa o indirecta en los asuntos internos o externos de la República Dominicana o una injerencia que atente contra la personalidad e integridad del Estado y de los atributos que se le reconocen y consagran en esta Constitución. El principio de la no intervención constituye una norma invariable de la política internacional dominicana.

La República Dominicana reconoce y aplica las normas del Derecho Internacional general y americano en la medida en que sus poderes públicos las hayan adoptado, y se pronuncia en favor de la solidaridad económica de los países de

América y apoyará toda iniciativa que propenda a la defensa de sus productos básicos y materias primas.

Artículo 4. El gobierno de la Nación es esencialmente civil, republicano, democrático y representativo. Se divide en Poder Legislativo, Poder Ejecutivo y Poder Judicial. Estos tres poderes son independientes en el ejercicio de sus respectivas funciones. Sus encargados son responsables y no pueden delegar sus atribuciones, las cuales son únicamente las determinadas por esta Constitución y las leyes.

Sección II. Del territorio

Artículo 5. El territorio de la República Dominicana es y será inalienable. Está integrado por la parte oriental de la Isla de Santo Domingo y sus islas adyacentes. Sus límites terrestres irreductibles están fijados por el Tratado Fronterizo de 1929, y su Protocolo de Revisión de 1936.

Se divide políticamente en un Distrito Nacional, en el cual estará comprendida la capital de la República, y en las provincias que determine la ley. Las provincias, a su vez se dividen en municipios.

Son también partes del territorio nacional, el mar territorial y el suelo y subsuelo submarinos correspondientes, así como el espacio aéreo sobre ellos comprendido. La extensión del mar territorial, del espacio aéreo y de la zona contigua y su defensa, lo mismo que las del suelo y subsuelo submarinos y su aprovechamiento, serán establecidos y regulados por la ley.

La ley fijará el número de las provincias, determinará sus nombres y los límites de éstas y del Distrito Nacional, así como los de los municipios en que aquellas se dividen, y podrá crear también, con otras denominaciones, nuevas divisiones políticas del territorio.

Artículo 6. La ciudad de Santo Domingo de Guzmán es la capital de la República y el asiento del gobierno nacional.

Sección III. Del régimen económico y social fronterizo

Artículo 7. Es de supremo y permanente interés nacional el desarrollo económico y social del territorio de la República a lo largo de la línea fronteriza, así como la difusión en el mismo de la cultura y la tradición religiosa del pueblo dominicano. El aprovechamiento agrícola e industrial de los ríos fronterizos se continuará regulando por los principios consagrados en el **Artículo 6.º** del Protocolo de Revisión de 1936 del Tratado de Frontera de 1929, y en el **Artículo 10** del Tratado de Paz, Amistad y Arbitraje de 1929.

<h1 style="text-align:center">Título II</h1>

Sección I. De los derechos individuales y sociales

Artículo 8. Se reconoce como finalidad principal del Estado la protección efectiva de los derechos de la persona humana y el mantenimiento de los medios que le permitan perfeccionarse progresivamente dentro de un orden de libertad individual y de justicia social, compatible con el orden público, el bienestar general y los derechos de todos. Para garantizar la realización de esos fines se fijan las siguientes normas:

1. La inviolabilidad de la vida. En consecuencia no podrá establecerse, pronunciarse ni aplicarse en ningún caso la pena de muerte, ni las torturas, ni ninguna otra pena o procedimiento vejatorio o que implique la pérdida o la disminución de la integridad física o de la salud del individuo.
2. La seguridad individual. En consecuencia:
3.
a. No se establecerá al apremio corporal por deuda que no proviniere de infracción a las leyes penales.
b. Nadie podrá ser reducido a prisión ni cohibido en su libertad sin orden motivada y escrita de funcionario judicial competente, salvo el caso de flagrante delito.
c. Toda persona privada de su libertad sin causa o sin las formalidades legales, o fuera de los casos previstos por las leyes, será puesta inmediatamente en libertad a requerimiento suyo o de cualquier persona.

d. Toda persona privada de su libertad será sometida a la autoridad judicial competente dentro de las cuarenta y ocho horas de su detención o puesta en libertad.

e. Todo arresto se dejará sin efecto o se elevará a prisión dentro de las cuarenta y ocho horas de haber sido sometido el arrestado a la autoridad judicial competente, debiendo notificarse al interesado dentro del mismo plazo, la providencia que al efecto se dictare.

f. Queda terminantemente prohibido el traslado de cualquier detenido de un establecimiento carcelario a otro lugar sin orden escrita y motivada de la autoridad judicial competente.

g. Toda persona que tenga bajo su guarda a un detenido estará obligada a presentarlo tan pronto como se lo requiera la autoridad competente. La Ley de Habeas Corpus, determinará la manera de proceder sumariamente para el cumplimiento de las prescripciones contenidas en las letras a), b), c), d), e), f) y g) y establecerá las sanciones que proceda.

h. Nadie podrá ser juzgado dos veces por una misma causa.

i. Nadie podrá ser obligado a declarar contra sí mismo.

j. Nadie podrá ser juzgado sin haber sido oído o debidamente citado ni sin observancia de los procedimientos que establezca la ley para asegurar un juicio imparcial y el ejercicio del derecho de defensa. Las audiencias serán públicas, con las excepciones que establezca la ley, en los casos en que la publicidad resulte perjudicial al orden público o a las buenas costumbres.

4. La inviolabilidad de domicilio. Ninguna visita domiciliaria puede verificarse sino en los casos previstos por la ley y con las formalidades que ella prescribe.

5. La libertad de tránsito, salvo las restricciones que resultaren de las penas impuestas judicialmente, o de las leyes de policía, de inmigración y de sanidad.

6. A nadie se le puede obligar a hacer lo que la ley no manda ni impedírsele lo que la ley no prohibe. La ley es igual para todos: no puede ordenar más que lo que es justo y útil para la comunidad ni puede prohibir más que lo que le perjudica.

7. Toda persona podrá, sin sujeción a censura previa, emitir libremente su pensamiento mediante palabras escritas o por cualquier otro medio de expresión, gráfico u oral. Cuando el pensamiento expresado sea atentatorio a la dignidad y a la moral de las personas, al orden público o a las buenas costumbres de la sociedad, se impondrán las sanciones dictadas por las leyes. Se prohibe toda propaganda subversiva, ya sea por anónimos o por cualquier otro medio de expresión que tenga por objeto provocar desobediencia a las leyes, sin que esto último pueda coartar el derecho a análisis o a crítica de los preceptos legales.

8. La libertad de asociación y de reunión sin armas, con fines políticos, económicos, sociales, culturales o de cualquier otra índole, siempre que por su naturaleza no sean contrarias ni atentatorias al orden público, la seguridad nacional y las buenas costumbres.

9. La libertad de conciencia y de cultos, con sujeción al orden público y respecto a las buenas costumbres.

10. La inviolabilidad de la correspondencia y demás documentos privados, los cuales no podrán ser ocupados ni registrados sino mediante procedimientos legales en la substanciación de asuntos que se ventilen en la justicia. Es igualmente inviolable el secreto de la comunicación telegráfica, telefónica y cablegráfica.

11. Todos los medios de información tienen libre acceso a las fuentes noticiosas oficiales y privadas, siempre que no vayan en contra del orden público o pongan en peligro la seguridad nacional.

12. La libertad de trabajo. La ley podrá, según lo requiera el interés general, establecer la jornada máxima de trabajo, los días de descanso y vacaciones, los sueldos y salarios mínimos y sus formas de pago, los seguros sociales, la participación de los nacionales en todo trabajo, y en general, todas las providencias de protección y asistencia del Estado que se consideren necesarias en favor de los trabajadores, ya sean manuales o intelectuales.

13.

a. La organización sindical es libre, siempre que los sindicatos, gremios u otras asociaciones de la misma índole se ajusten en sus estatutos y en su conducta a una organización democrática compatible con los principios consagrados en esta Constitución y para fines estrictamente laborales y pacíficos.

b. El Estado facilitará los medios a su alcance para que los trabajadores puedan adquirir los útiles e instrumentos indispensables a su labor.

c. El alcance y la forma de la participación de los trabajadores permanentes en los beneficios de toda empresa agrícola, industrial, comercial o minera, podrán ser fijados por la ley de acuerdo con la naturaleza de la empresa y respetando tanto el interés legítimo del empresario como el del obrero.

d. Se admite el derecho de los trabajadores a la huelga y de los patronos al paro en las empresas privadas, siempre que se ejerzan con arreglo a la ley y para resolver conflictos estrictamente laborales. Se prohibe toda interrupción, entorpecimiento, paralización de actividades o reducción intencional de rendimiento en las labores de las empresas privadas o del

Estado. Será ilícita toda huelga, para, interrupción, entorpecimiento o reducción intencional de rendimiento que afecten
la Administración, los servicios públicos o los de utilidad pública. La Ley dispondrá las medidas necesarias para garantizar la observancia de estas normas.

14. La libertad de empresa, comercio e industria. Solo podrán establecerse monopolios en provecho del Estado o de
instituciones estatales. La creación y organización de esos
monopolios se harán por ley.
15. El derecho de propiedad. En consecuencia, nadie puede ser privado de ella sino por causa justificada de utilidad
pública o de interés social, previo pago de su justo valor determinado por sentencia de tribunal competente. En casos
de calamidad pública, la indemnización podrá no ser previa.
No podrá imponerse la pena de confiscación general de bienes por razones de orden político.
16.
a. Se declara de interés social la dedicación de la tierra a fines
útiles y la eliminación gradual del latifundio. Se destinan a
los planes de la Reforma Agraria las tierras que pertenezcan
al Estado o las que éste adquiera de grado a grado o por
expropiación, en la forma prescrita por esta Constitución,
que no estén destinadas o deban destinarse por el Estado a
otros fines de interés general. Se declara igualmente como un
objetivo principal de la política social del Estado el estímulo
y cooperación para integrar efectivamente a la vida nacional
la población campesina, mediante la renovación de los mé-
todos de la producción agrícola y la capacitación cultural y
tecnológica del hombre campesino.
b. El Estado podrá convertir sus empresas en propiedades de
cooperación o economía cooperativista.

17. La propiedad exclusiva por el tiempo y en la forma que determine la ley, de los inventos y descubrimientos, así como de las producciones científicas, artísticas y literarias.

18. Con el fin de robustecer su estabilidad y bienestar, su vida moral, religiosa y cultural, la familia recibirá del Estado la más amplia protección posible.

19.

a. La maternidad, sea cual fuere la condición o el estado de la mujer, gozará de la protección de los poderes públicos y tiene derecho a la asistencia oficial en caso de desamparo. El Estado tomará las medidas de higiene y de otro género tendientes a evitar en lo posible la mortalidad infantil y a obtener el sano desarrollo de los niños. Se declara, asimismo, de alto interés social, la institución del bien de familia. El Estado estimulará el ahorro familiar y el establecimiento de cooperativas de crédito, de producción, de distribución, de consumo o de cualesquiera otras que fueren de utilidad.

b. Se declara de alto interés social el establecimiento de cada hogar dominicano en terreno o mejoras propias. Con esta finalidad, el Estado estimulará el desarrollo del crédito público en condiciones socialmente ventajosas, destinado a hacer posible que todos los dominicanos posean una vivienda cómoda e higiénica.

c. Se reconoce el matrimonio como fundamento legal de la familia.

d. La mujer casada disfrutará de plena capacidad civil. La ley establecerá los medios necesarios para proteger los derechos patrimoniales de la mujer casada, bajo cualquier régimen.

20. La libertad de enseñanza. La educación primaria será obligatoria. Es deber del Estado proporcionar la educación

fundamental a todos los habitantes del territorio nacional y tomar las providencias necesarias para eliminar el analfabetismo. Tanto la educación primaria y secundaria, como la que se ofrezca en las escuelas agronómicas, vocacionales, artísticas, comerciales, de artes manuales y de economía doméstica serán gratuitas. El Estado procurará la más amplia difusión de la ciencia y la cultura, facilitando de manera adecuada que todas las personas se beneficien con los resultados del progreso científico y moral.

21. El Estado estimulará el desarrollo progresivo de la seguridad social, de manera que toda persona llegue a gozar de adecuada protección contra la desocupación, la enfermedad, la incapacidad y la vejez. El Estado prestará su protección y asistencia a los ancianos en la forma que determine la ley, de manera que se preserve su salud y se asegure su bienestar. El Estado prestará, asimismo, asistencia social a los pobres. Dicha asistencia consistirá en alimentos, vestimenta y hasta donde sea posible, alojamiento adecuado. El Estado velará por el mejoramiento de la alimentación, los servicios sanitarios y las condiciones higiénicas, procurará los medios para la prevención y el tratamiento de las enfermedades epidémicas y endémicas y de toda otra índole, así como también dará asistencia médica y hospitalaria gratuita a quienes por sus escasos recursos económicos, así lo requieran. El Estado combatirá los vicios sociales con medidas adecuadas y con el auxilio de las convenciones y organizaciones internacionales. Para la corrección y erradicación de tales vicios, se crearán centros y organismos especializados.

Sección II. De los deberes

Artículo 9. Atendiendo a que las prerrogativas reconocidas y garantizadas en el **Artículo** precedente de esta Constitución suponen la existencia de un orden correlativo de responsabilidad jurídica y moral que obliga la conducta del hombre en sociedad, se declaran como deberes fundamentales los siguientes:

a. Acatar y cumplir la Constitución y las leyes, respetar y obedecer las autoridades establecidas por ellas.

b. Todo dominicano hábil tiene el deber de prestar los servicios civiles y militares que la Patria requiera para su defensa y conservación.

c. Los habitantes de la República deben abstenerse de todo acto perjudicial a su estabilidad, independencia o soberanía y estarán, en caso de calamidad pública, obligados a prestar los servicios de que sean capaces.

d. Todo ciudadano dominicano tiene el deber de votar, siempre que esté legalmente capacitado para hacerlo.

e. Contribuir en proporción a su capacidad contributiva para las cargas públicas.

f. Toda persona tiene la obligación de dedicarse a un trabajo de su elección con el fin de proveer dignamente a su sustento y al de su familia, alcanzar el más amplio perfeccionamiento de su personalidad y contribuir al bienestar y progreso de la sociedad.

g. Es obligación de todas las personas que habitan el territorio de la República Dominicana, asistir a los establecimientos educativos de la Nación para adquirir, por lo menos, la instrucción elemental.

h. Toda persona está en el deber de cooperar con el Estado en cuanto a asistencia y seguridad social de acuerdo con sus posibilidades.

i. Es deber de todo extranjero abstenerse de participar en actividades políticas en territorio dominicano.

Artículo 10. La enumeración contenida en los artículos 8 y 9 no es limitativa, y por consiguiente, no excluye otros derechos y deberes de igual naturaleza.

Título III. Derechos políticos

Sección I. De la nacionalidad

Artículo 11. Son dominicanos:

1. Todas las personas que nacieren en el territorio de la República, con excepción de los hijos legítimos de los extranjeros residentes en el país en representación diplomática o los que están de tránsito en él.
2. Las personas que al presente estén investidas de esta calidad en virtud de constituciones y leyes anteriores.
3. Todas las personas nacidas en el extranjero, de padre o madre dominicanos, siempre que, de acuerdo con las leyes del país de su nacimiento, no hubieren adquirido una nacionalidad extraña; o que, en caso de haberla adquirido, manifestaren, por acto ante un oficial público remitido al Poder Ejecutivo, después de alcanzar la edad de dieciocho (18) años, su voluntad de optar por la nacionalidad dominicana.
4. Los naturalizados. La ley dispondrá las condiciones y formalidades requeridas para la naturalización.

Párrafo I. Se reconoce a los dominicanos la facultad de adquirir una nacionalidad extranjera.

Párrafo II. La mujer dominicana casada con un extranjero podrá adquirir la nacionalidad de su marido.

Párrafo III. La mujer extranjera que contrae matrimonio con un dominicano seguirá la condición de su marido, a menos que las leyes de su país le permitan conservar su nacionalidad, caso en el cual tendrá la facultad de declarar, en el acta de matrimonio, que declina la nacionalidad dominicana.

Párrafo IV. La adquisición de otra nacionalidad no implica la pérdida de la nacionalidad dominicana. Sin embargo, los dominicanos que adquieran otra nacionalidad no podrán optar por la Presidencia o Vicepresidencia de la República.

Sección II. De la ciudadanía

Artículo 12. Son ciudadanos todos los dominicanos de uno y otro sexo que hayan cumplido 18 años de edad, y los que sean o hubieren sido casados, aunque no hayan cumplido esa edad.

Artículo 13. Son derechos de los ciudadanos:

1. El de votar con arreglo a la ley para elegir los funcionarios a que se refiere el **Artículo** 90 de la Constitución.
2. El de ser elegibles para ejercer los mismos cargos a que se refiere el párrafo anterior.

Artículo 14. Los derechos de ciudadanía se pierden por condenación irrevocable por traición, espionaje o conspiración contra la República, o por tomar las armas, prestar ayuda o participar en cualquier atentado contra ella.

Artículo 15. Los derechos de ciudadanía quedan suspendidos en los casos de:

a. Condenación irrevocable a pena criminal, hasta la rehabilitación.

b. Interdicción judicial legalmente pronunciada, mientras ésta dure.

c. Por admitir en territorio dominicano función o empleo de un gobierno extranjero sin previa autorización del Poder Ejecutivo.

Título IV

Sección I. Del Poder Legislativo

Artículo 16. El Poder Legislativo se ejerce por un Congreso de la República, compuesto de un Senado y una Cámara de Diputados.

Artículo 17. La elección de Senadores y de Diputados se hará por voto directo.

Artículo 18. Los cargos de Senador y de Diputado son incompatibles con cualquier otra función o empleo de la administración pública.

Artículo 19. Cuando ocurran vacantes de Senadores o de Diputados, la Cámara correspondiente escogerá el sustituto de la terna que le presentará el organismo superior del partido que lo postuló.

Artículo 20. La terna deberá ser sometida a la Cámara donde se haya producido la vacante, dentro de los treinta días siguientes a su ocurrencia, si estuviere reunido el Congreso, y en caso de no estarlo, dentro de los treinta primeros días de su reunión. Transcurrido el plazo señalado sin que el organismo competente del partido hubiese sometido la terna, la Cámara correspondiente hará libremente la elección.

Sección II. Del Senado

Artículo 21. El Senado se compondrá de miembros elegidos a razón de uno por cada provincia y uno por el Distrito Nacional, cuyo ejercicio durará un período de cuatro años.

Artículo 22. Para ser Senador se requiere ser dominicano en pleno ejercicio de los derechos civiles y políticos, haber cumplido veinticinco años de edad y ser nativo de la circunscripción territorial que lo elija o haber residido en ella por lo menos cinco años consecutivos.

Párrafo.. Los naturalizados no podrán ser elegidos Senadores sino diez años después de haber adquirido la nacionalidad, y siempre que hubieren residido dentro de la jurisdicción que los elija durante los cinco años que precedan a su elección.

Artículo 23. Son atribuciones del Senado:

1. Elegir el Presidente y demás miembros de la Junta Central Electoral y sus suplentes.
2. Elegir los miembros de la Cámara de Cuentas.
3. Aprobar o no los nombramientos de funcionarios diplomáticos que expida el Poder Ejecutivo.
4. Conocer de las acusaciones formuladas por la Cámara de Diputados contra los funcionarios públicos elegidos para un período determinado, por mala conducta o faltas graves en el ejercicio de sus funciones. En materia de acusación, el Senado no podrá imponer otras penas que las de destitución

del cargo. La persona destituida quedará sin embargo sujeta, si hubiese lugar, a ser acusada y juzgada con arreglo a la ley. 5. El Senado no podrá destituir a un funcionario sino cuando lo acordare por lo menos el voto de las tres cuartas partes de la totalidad de sus miembros.

Sección III. De la Cámara de Diputados

Artículo 24. La Cámara de Diputados se compondrá de miembros elegidos cada cuatro años por el pueblo de las provincias y del Distrito Nacional, a razón de uno por cada cincuenta mil habitantes o fracción de más de veinticinco mil, sin que en ningún caso sean menos de dos.

Artículo 25. Para ser Diputado se requiere las mismas condiciones que para ser Senador.

Párrafo.. Los naturalizados no podrán ser elegidos Diputados sino diez años después de haber adquirido la nacionalidad y siempre que hubieren residido dentro de la jurisdicción que los elija durante los cinco años que precedan a su elección.

Artículo 26. Es atribución exclusiva de la Cámara de Diputados ejercer el derecho de acusar ante el Senado a los funcionarios públicos en los casos determinados por el Acápite 5 del **Artículo** 23. La acusación no podrá formularse sino con el voto de las tres cuartas partes de la totalidad de los miembros de la Cámara.

Sección IV. Disposiciones comunes a ambas Cámaras

Artículo 27. Las Cámaras se reunirán en Asamblea Nacional en los casos indicados por la Constitución, debiendo estar presente más de la mitad de los miembros de cada una de ellas.

Las decisiones se tomarán por mayoría absoluta de votos.

Artículo 28. Cada Cámara reglamentará lo concerniente a su servicio interior y al despacho de los asuntos que le son peculiares, y podrá, en el uso de sus facultades disciplinarias, establecer las sanciones que procedan.

Artículo 29. El Senado y la Cámara de Diputados celebrarán sus sesiones separadamente, excepto cuando se reúnan en Asamblea Nacional.

Párrafo.. Podrán también reunirse conjuntamente para recibir el mensaje del Presidente de la República y las memorias de los Secretario de Estado, a que se refiere el **Artículo 55,** Inciso 22, y para la celebración de actos conmemorativos o de otra naturaleza que no se relacionen con el ejercicio de las atribuciones legislativas de cada Cámara ni de las que están señaladas por esta Constitución como exclusivas de cada una de ellas.

Artículo 30. En cada Cámara será necesaria la presencia de más de la mitad de sus miembros para la validez de las deliberaciones. Las decisiones se tomarán por mayoría absoluta de votos, salvo los asuntos declarados previamente de urgencia, en que decidirán las dos terceras partes de los votos, en su segunda discusión.

Artículo 31. Los miembros de una y otra Cámara gozarán de la más completa inmunidad penal por las opiniones que expresen en las sesiones.

Artículo 32. Ningún Senador o Diputado podrá ser privado de su libertad durante la legislatura, sin la autorización de la Cámara a que pertenezca, salvo el caso de que sea aprehendido en el momento de la comisión de un crimen. En todos los casos, el Senado o la Cámara de Diputados, o si éstos no están en sesión o no constituyen quórum, cualquier miembro podrá exigir que sea puesto en libertad por el tiempo que dure la legislatura o una parte de ella, cualquiera de sus miembros que hubiere sido detenido, arrestado, preso o privado en cualquier otra forma de su libertad. A este efecto se hará un requerimiento por el Presidente del Senado o el de la Cámara de Diputados, o por el Senador o Diputado, según el caso, al Procurador General de la República; y si fuese necesario, dará la orden de libertad directamente, para lo cual podrá requerir y deberá serle prestado, por todo depositario de la fuerza pública, el apoyo de ésta.

Artículo 33. Las Cámaras se reunirán ordinariamente el 27 de febrero y el 16 de agosto de cada año y cada legislatura durará noventa días, la cual podrá prorrogarse hasta por sesenta días más.

Párrafo. Se reunirán extraordinariamente por convocatoria del Poder Ejecutivo.

Artículo 34. El 16 de agosto de cada año el Senado y la Cámara de Diputados elegirán sus respectivos Bufetes Directivos, integrados por un Presidente, un Vicepresidente y dos Secretarios.

Párrafo I. Cada Cámara designará sus empleados auxiliares.

Párrafo II. El Presidente del Senado y el de la Cámara de Diputados tendrán durante las sesiones poderes disciplinarios y representarán a su respectiva Cámara en todos los actos legales.

Artículo 35. Cuando las Cámaras se reúnan en Asamblea Nacional o en reunión conjunta, asumirá la Presidencia el Presidente del Senado; la Vicepresidencia la ocupará la persona a quien corresponda en ese momento presidir la Cámara de Diputados, y la Secretaría las personas a quienes corresponda en ese momento las funciones de Secretarios de cada Cámara.

Párrafo I. En caso de falta temporal o definitiva del Presidente del Senado, y mientras no sea elegido el nuevo Presidente de dicha Cámara Legislativa, presidirá la Asamblea Nacional o la reunión conjunta el Presidente de la Cámara de Diputados.

Párrafo II. En caso de falta temporal o definitiva del Presidente del Senado y del Presidente de la Cámara de Diputados, presidirá la Asamblea o la reunión conjunta el Vicepresidente del Senado, y, en su defecto, el Vicepresidente de la Cámara de Diputados.

Artículo 36. Corresponde a la Asamblea Nacional examinar las actas de elección del Presidente y del Vicepresidente de la República, proclamarlos y, en su caso, recibirles juramento, aceptarles o rechazarles las renuncias y ejercer las facultades que le confiere la presente Constitución.

Sección V. Del Congreso

Artículo 37. Son atribuciones del Congreso:

1. Establecer los impuestos o contribuciones generales y determinar el modo de su recaudación e inversión.
2. Aprobar o desaprobar, con vista del informe de la Cámara de Cuentas, el estado de recaudación e inversión de las rentas que debe presentarle el Poder Ejecutivo.
3. Conocer de las observaciones que a las leyes haga el Poder Ejecutivo.
4. Proveer a la conservación y fructificación de los bienes nacionales, y a la enajenación de los bienes del dominio privado de la Nación, excepto lo que dispone el Inciso 10 del **Artículo** 55 y el **Artículo** 110.
5. Disponer todo lo concerniente a la conservación de monumentos y objetos antiguos y a la adquisición de éstos últimos.
6. Crear o suprimir provincias, municipios u otras divisiones políticas del territorio y determinar todo lo concerniente a sus límites y organización, previo estudio que demuestre la conveniencia social, política y económica justificativa del cambio.
7. En caso de alteración de la paz o en el de calamidad pública, declarar el estado de sitio o suspender solamente donde

aquellas existan, y por el término de su duración, el ejercicio de los derechos individuales consagrados en el **Artículo** 8, en sus Incisos 2, letras b), c), d), e), f), g), y 3, 4, 6, 7 y 9.

8. En caso de que la soberanía nacional se encuentre expuesta a un peligro grave e inminente, el Congreso podrá declarar que existe un estado de emergencia nacional, suspendiendo el ejercicio de los derechos individuales, con excepción de la inviolabilidad de la vida, tal como lo consagra el Inciso 1) del **Artículo** 8 de esta Constitución. Si no estuviera reunido el Congreso, el Presidente de la República podrá dictar la misma disposición, que conllevará convocatoria del mismo para ser informado de los acontecimientos y las disposiciones tomadas.

9. Disponer todo lo relativo a la migración.

10. Aumentar o reducir el número de las Cortes de Apelación y crear o suprimir tribunales ordinarios o de excepción.

11. Crear o suprimir tribunales para conocer y decidir los asuntos contencioso-administrativos y disponer todo lo relativo a su organización y competencia.

12. Votar el Presupuesto de Ingresos y Ley de Gastos Públicos y aprobar o no los gastos extraordinarios para los cuales solicite un crédito el Poder Ejecutivo.

13. Autorizar o no empréstitos sobre el crédito de la República por medio del Poder Ejecutivo.

14. Aprobar o desaprobar los tratados y convenciones internacionales que celebre el Poder Ejecutivo.

15. Legislar cuanto concierne a la deuda nacional. Declarar por ley la necesidad de la reforma constitucional.

16. Conceder autorización al Presidente de la República para salir al extranjero cuando sea por más de quince días.

17. Examinar anualmente todos los actos del Poder Ejecutivo y aprobarlos, si son ajustados a la Constitución y a las leyes.

18. Aprobar o no los contratos que le someta el Presidente de la República de conformidad con el Inciso 10 del **Artículo** 55 y con el **Artículo** 110.

19. Decretar el traslado de las Cámaras Legislativas fuera de la capital de la República, por causa de fuerza mayor justificada o mediante convocatoria del Presidente de la República.

20. Conceder amnistía por causas políticas.

21. Interpelar a los Secretarios de Estado y a los Directores o Administradores de Organismos Autónomos del Estado, sobre asuntos de su competencia, cuando así lo acordaren las dos terceras partes de los miembros presentes de la Cámara que lo solicite, a requerimiento de uno o varios de sus miembros.

22. Legislar acerca de toda materia que no sea de la competencia de otro Poder del Estado o contraria a la Constitución.

Sección VI. De la formación y efecto de las leyes

Artículo 38. Tienen derecho a iniciativa en la formación de las leyes:

a. Los Senadores y los Diputados.
b. El Presidente de la República.
c. La Suprema Corte de Justicia en asuntos judiciales.
d. La Junta Central Electoral en asuntos electorales.

Párrafo. El que ejerza ese derecho podrá sostener su moción en la otra Cámara, si es el caso del Inciso a) de este **Artículo**, y en ambas Cámaras mediante representante si se trata de uno cualquiera de los otros tres casos.

Artículo 39. Todo proyecto de ley admitido en una de las Cámaras se someterá a dos discusiones distintas, con un intervalo de un día por lo menos entre una y otra discusión. En caso de que fuere declarado previamente de urgencia deberá ser discutido en dos sesiones consecutivas.

Artículo 40. Aprobado un proyecto de ley en cualquiera de las Cámaras, pasará a la otra para su oportuna discusión, observándose en ella las mismas formas constitucionales. Si esta Cámara le hiciere modificaciones, devolverá dicho proyecto con observaciones a la Cámara en que se inició, y, en caso de ser aceptadas, enviará la ley al Poder Ejecutivo. Pero si aquellas fueren rechazadas, será devuelto el proyecto a la otra Cámara con observaciones; y si ésta las aprueba, enviará a su vez la ley al Poder Ejecutivo. Si fueren rechazadas las observaciones, se considerará desechado el proyecto.

Artículo 41. Toda ley aprobada en ambas Cámaras será enviada al Poder Ejecutivo. Si éste no la observaren, la promulgará dentro de los ocho días de recibida y la hará publicar dentro de los quince días de la promulgación. Si la observare, la devolverá a la Cámara de donde procedió en el término de ocho días a contar de la fecha en que le fue enviada, si el asunto no fue declarado de urgencia, pues en este caso hará sus observaciones en el término de tres días. La Cámara que hubiere recibido las observaciones las hará consignar en el orden del día de la próxima sesión y discutirá de nuevo la ley. Si después de esta discusión, las dos terceras partes del número total de los miembros de dicha Cámara la aprobaren de nuevo, será remitida a la otra Cámara; y si ésta la aprobare por igual mayoría, se considerará definitivamente ley.

El Presidente de la República estará obligado a promulgar y publicar la ley en los plazos indicados.

Párrafo I. Los proyectos de ley que quedaren pendientes en cualquiera de las dos Cámaras al cerrarse la legislatura, deberán seguir los trámites constitucionales en la legislatura siguiente, hasta ser convertidos en ley o ser rechazados. Cuando esto no ocurriere así, se tendrá el proyecto como no iniciado.

Párrafo II. Todo proyecto de ley recibido en una Cámara, después de haber sido aprobado en la otra, será fijado en el orden del día.

Artículo 42. Cuando fuere enviada una ley al Presidente de la República para su promulgación y el tiempo que faltare para el término de la legislatura fuere inferior al que se determina en el precedente **Artículo** para observarla, seguirá abierta la legislatura para conocer de las observaciones hasta el agotamiento de los plazos y del procedimiento establecido por el **Artículo 41.**

Las leyes, después de publicadas, son obligatorias para todos los habitantes de la República, si ha transcurrido el tiempo legal para que se reputen conocidas.

Artículo 43. Los proyectos de ley rechazados en una Cámara no podrán presentarse en la otra, ni nuevamente en ninguna de las dos, sino en la legislatura siguiente.

Artículo 44. Las leyes se encabezarán así: «El Congreso Nacional. En Nombre de la República».

Artículo 45. Las leyes, después de promulgadas, se publicarán en la forma que por la ley se determine, y serán obligatorias una vez que hayan transcurrido los plazos indicados por la ley para que se reputen conocidas en cada parte del territorio nacional.

Artículo 46. Son nulos de pleno derecho toda ley, decreto, resolución, reglamento o acto contrarios a esta Constitución.

Artículo 47. La ley solo dispone y se aplica para lo porvenir. No tiene efecto retroactivo sino cuando sea favorable al que esté sub-judice o cumpliendo condena. En ningún caso la ley ni poder público alguno podrán afectar o alterar la seguridad jurídica derivada de situaciones establecidas conforme a una legislación anterior.

Artículo 48. Las leyes relativas al orden público, la policía, la seguridad y las buenas costumbres, obligan a todos los habitantes del territorio y no pueden ser derogadas por convenciones particulares.

Título V

Sección I. Del Poder Ejecutivo

Artículo 49. El Poder Ejecutivo se ejerce por el Presidente de la República, quien será elegido cada cuatro años por voto directo, no pudiendo ser electo para el período constitucional siguiente.

Artículo 50. Para ser Presidente de la República se requiere:

1. Ser dominicano de nacimiento u origen.
2. Haber cumplido 30 años de edad.
3. Estar en pleno ejercicio de los derechos civiles y políticos.
4. No estar en servicio militar o policial activo, por lo menos durante el año que preceda a la elección.

Artículo 51. Habrá un Vicepresidente de la República, que será elegido en la misma forma y por igual período que el Presidente y conjuntamente con éste. Para ser Vicepresidente de la República se requieren las mismas condiciones que para ser Presidente.

Artículo 52. El Presidente y el Vicepresidente de la República, electos en los comicios generales, prestarán juramento de sus cargos el 16 de agosto siguiente a su elección, fecha en que deberá terminar el período de los salientes. Cuando el Presidente de la República electo no pudiere hacerlo por encontrarse fuera del país o por enfermedad o por cualquiera otra causa de fuerza mayor, ejercerá las funciones de Presidente de la República interinamente el Vicepresidente de la República electo, y, a falta de éste, el Presidente de la Suprema Corte de Justicia.

Artículo 53. Si el Presidente de la República electo faltare definitivamente sin prestar juramento de su cargo, el Vicepresidente de la República electo lo sustituirá y, a falta de éste, se procederá en la forma indicada en el **Artículo** 60.

Artículo 54. El Presidente y el Vicepresidente de la República, antes de entrar en funciones, prestarán ante la Asamblea Nacional o ante cualquier funcionario u oficial público, el siguiente juramento:

«Juro por Dios, por la Patria y por mi honor, cumplir y hacer cumplir la Constitución y las leyes de la República, sostener y defender su independencia, respetar sus derechos y llenar fielmente los deberes de mi cargo.»

Artículo 55. El Presidente de la República es el jefe de la administración pública y el jefe supremo de todas las fuerzas armadas de la República y de los cuerpos policiales.

Corresponde al Presidente de la República:

1. Nombrar los Secretarios y Subsecretarios de Estado y los demás funcionarios y empleados públicos cuyo nombramiento no se atribuya a ningún otro poder u organismo autónomo reconocido por esta Constitución o por las leyes, aceptarles sus renuncias y removerlos.

2. Promulgar y hacer publicar las leyes y resoluciones del Congreso Nacional y cuidar de su fiel ejecución. Expedir reglamentos, decretos e instrucciones cuando fuere necesario.

3. Velar por la buena recaudación y fiel inversión de las rentas nacionales.

4. Nombrar, con la aprobación del Senado, los miembros del Cuerpo Diplomático, aceptarles sus renuncias y removerlos.

5. Recibir a los Jefes de Estado extranjeros y a sus representantes.

6. Presidir todos los actos solemnes de la Nación, dirigir las negociaciones diplomáticas y celebrar tratados con las naciones extranjeras u organismos internacionales, debiendo someterlos a la aprobación del Congreso, sin lo cual no tendrán validez ni obligarán a la República.

7. En caso de alteración de la paz pública, y si no se encontrare reunido el Congreso Nacional, decretar, donde aquella exista, el estado de sitio y suspender el ejercicio de los derechos que según el **Artículo** 37, Inciso 7 de esta Constitución se permite al Congreso suspender. Podrá también, en caso de que la soberanía nacional se encuentre en peligro grave e inminente, declarar el estado de emergencia nacional, con los efectos y requisitos indicados en el Inciso 8 del mismo **Artículo**. En caso de calamidad pública podrá, además, decretar zonas de desastres aquellas en que se hubieren producido daños, ya sea a causa de meteoros, sismos, inundaciones o cualquier otro fenómeno de la naturaleza, así como a consecuencia de epidemias.

8. En caso de violación de las disposiciones contenidas en los apartados a) y d) del Inciso 10 del **Artículo** 8 de esta Constitución, que perturben o amenacen perturbar el orden público, la seguridad del Estado o el funcionamiento regular de los servicios públicos o de utilidad pública, o impidan

el desenvolvimiento de las actividades económicas, el Presidente de la República adoptará las medidas provisionales de policía y seguridad necesarias para conjurar la emergencia, debiendo informar al Congreso de esa emergencia y de las medidas adoptadas.

9. Llenar interinamente las vacantes que ocurran entre los Jueces de la Suprema Corte de Justicia, de las Cortes de Apelación, del Tribunal de Tierras, de los Juzgados de Primera Instancia, de los Jueces de Instrucción, de los Jueces de Paz, del Presidente y demás miembros de la Junta Central Electoral, así como los miembros de la Cámara de Cuentas, cuando esté en receso el Congreso, con la obligación de informar al Senado de dichos nombramientos en la próxima legislatura para que éste provea los definitivos.

10. Celebrar contratos, sometiéndolos a la aprobación del Congreso Nacional cuando contengan disposiciones relativas a la afectación de las rentas nacionales, a la enajenación de inmuebles cuyo valor sea mayor de veinte mil pesos oro o al levantamiento de empréstitos o cuando estipulen exenciones de impuestos en general de acuerdo con el **Artículo** 110; sin tal aprobación en los demás casos.

11. Cuando ocurran vacantes en los cargos de Regidores o Síndicos Municipales o del Distrito Nacional, y se haya agotado el número de Suplentes elegidos, el Poder Ejecutivo escogerá el sustituto, de la terna que le someterá el partido que postuló el Regidor o Síndico que originó la vacante. La terna deberá ser sometida al Poder Ejecutivo dentro de los 15 días siguientes al de la ocurrencia de la vacante; de no ser sometida dicha terna en el indicado plazo, el Poder Ejecutivo hará la designación correspondiente.

12. Expedir o negar patentes de navegación.

13. Reglamentar cuanto convenga al servicio de las Aduanas.

14. Disponer, en todo tiempo, cuanto concierna a las Fuerzas Armadas de la Nación, mandarlas por sí mismo o por medio de la persona o personas que designe para hacerlo, conservando siempre su condición de Jefe Supremo de las mismas; fijar el número de dichas fuerzas y disponer de ellas para fines del servicio público.

15. Tomar las medidas necesarias para proveer a la legítima defensa de la Nación en caso de ataque armado actual o inminente de parte de nación extranjera, debiendo informar al Congreso sobre las disposiciones así adoptadas.

16. Hacer arrestar o expulsar a los extranjeros cuyas actividades, a su juicio, fueren o pudieren ser perjudiciales al orden público o a las buenas costumbres.

17. Nombrar o revocar los Miembros de los Consejos de Guerra de las Fuerzas Armadas y de la Policía Nacional.

18. Disponer todo lo relativo a zonas aéreas, marítimas, fluviales y militares.

19. Determinar todo lo relativo a la habilitación de puertos y costas marítimas.

20. Prohibir, cuando lo estime conveniente al interés público, la entrada de extranjeros en el territorio nacional.

21. Cambiar el lugar de su residencia oficial cuando lo juzgue necesario.

22. Depositar ante el Congreso Nacional, al iniciarse la primera Legislatura Ordinaria el 27 de febrero de cada año, un mensaje acompañado de las memorias de los Secretarios de Estado, en el cual dará cuenta de su administración del año anterior.

23. Someter al Congreso, durante la segunda legislatura ordinaria, el proyecto de Presupuesto de Ingresos y Ley de Gastos Públicos correspondientes al año siguiente.

24. Conceder o no autorización a los ciudadanos dominicanos para que puedan ejercer cargos o funciones públicas de un gobierno u organizaciones internacionales en territorio dominicano, y para que puedan aceptar y usar condecoraciones y títulos otorgados por gobiernos extranjeros.

25. Anular por Decreto motivado los arbitrios establecidos por los ayuntamientos.

26. Autorizar o no a los ayuntamientos a enajenar inmuebles, y aprobar o no los contratos que hagan cuando constituyan en garantía inmuebles o rentas municipales.

27. Conceder indulto, total o parcial, puro y simple o condicional, en los días 27 de febrero, 16 de agosto y 23 de diciembre de cada año, con arreglo a la ley.

Artículo 56. El Presidente de la República no podrá salir al extranjero por más de quince días sin autorización del Congreso.

Artículo 57. El Presidente y el Vicepresidente de la República no podrán renunciar sino ante la Asamblea Nacional.

Artículo 58. En caso de falta temporal del Presidente de la República, después de haber prestado juramento, ejercerá el Poder Ejecutivo, mientras dure esa falta, el Vicepresidente de la República; y a falta de éste, el Presidente de la Suprema Corte de Justicia.

Artículo 59. En caso de falta definitiva del Presidente de la República, después de haber prestado juramento, desempeñará la Presidencia de la República por el tiempo que falte para la terminación del período, el Vicepresidente de la República.

Artículo 60. En caso de que el Vicepresidente de la República faltare definitivamente, asumirá el Poder Ejecutivo interinamente el Presidente de la Suprema Corte de Justicia, quien, dentro de los 15 días que sigan a la fecha de haber asumido estas funciones, convocará a la Asamblea Nacional para que se reúna dentro de los 15 días siguientes y elija el sustituto definitivo, en una sesión que no podrá clausurarse ni declararse en receso, hasta haber realizado la elección. En el caso de que, por cualquier circunstancia, no pudiere hacerse tal convocatoria, la Asamblea Nacional se reunirá de plano derecho, inmediatamente, para llevar a cabo la elección en la forma arriba prevista.

Sección II. De los secretarios de Estado

Artículo 61. Para el despacho de los asuntos de la administración pública, habrá las Secretarías de Estado que sean creadas por la ley. También podrán crearse por la ley las Subsecretarias de Estado que se consideren necesarias, y que actuarán bajo la subordinación y dependencia del Secretario de Estado correspondiente. Para ser Secretario o Subsecretario de Estado se requiere ser dominicano en el pleno ejercicio de los derechos civiles y políticos y haber cumplido la edad de 25 años.

Párrafo.. Los naturalizados no podrán ser Secretarios ni Subsecretarios de Estado sino diez años después de haber adquirido la nacionalidad.

Artículo 62. La ley determinará las atribuciones de los Secretarios de Estado.

Título VI

Sección I. Del Poder Judicial

Artículo 63. El Poder Judicial se ejerce por la Suprema Corte de Justicia y por los demás Tribunales del Orden Judicial creados por esta Constitución y las leyes. Este poder gozará de autonomía administrativa y presupuestaria.

Párrafo. I. La ley reglamentará la carrera judicial y el régimen de jubilaciones y pensiones de los jueces, funcionarios y empleados del orden judicial.

Párrafo II. Los funcionarios del orden judicial no podrán ejercer otro cargo o empleo público, salvo lo que se dispone en el **Artículo** 108.

Párrafo III. Los jueces son inamovibles, sin perjuicio de lo dispuesto en el Acápite 5 del **Artículo** 67.

Párrafo IV. Una vez vencido el período por el cual fue elegido un juez, permanecerá en su cargo hasta que sea designado su sustituto.

Sección II. De la Suprema Corte de Justicia

Artículo 64. La Suprema Corte de Justicia se compondrá de, por lo menos, once jueces, pero podrá reunirse, deliberar y fallar válidamente con el quórum que determine la ley, la cual reglamentará su organización.

Párrafo I. Los jueces de la Suprema Corte de Justicia serán designados por el Consejo Nacional de la Magistratura, el cual estará presidido por el Presidente de la República y, en ausencia de éste, será presidido por el Vicepresidente de la República, y a falta de ambos, lo presidirá el Procurador General de la República. Los demás miembros serán:
1. El Presidente del Senado y un Senador escogido por el Senado que pertenezca a un partido diferente al partido del Presidente del Senado;
2. El Presidente de Cámara de Diputado y un Diputado escogido por la Cámara de Diputados que pertenezca a un Partido diferente al partido del Presidente de la Cámara de Diputados;
3. El Presidente de la Suprema Corte de Justicia;
4. Un Magistrado de la Suprema Corte de Justicia escogido por ella misma, quien fungirá de Secretario.

Párrafo II. Al elegir los Jueces de la Suprema Corte de Justicia, el Consejo Nacional de la Magistratura dispondrá cuál de ellos deberá ocupar la Presidencia y designará un primero y segundo sustitutos para reemplazar al Presidente en caso de falta o impedimento.

Párrafo III. En caso de cesación de un Juez investido con una de las calidades arriba expresadas, el Consejo Nacional de la Magistratura elegirá un nuevo juez con la misma calidad o atribuirá esta a otro de los jueces.

Artículo 65. Para ser Juez de la Suprema Corte de Justicia se requiere:

1. Ser dominicano por nacimiento u origen y tener más de 35 años de edad.
2. Hallarse en el pleno ejercicio de los derechos civiles y políticos.
3. Ser licenciado o doctor en Derecho.
4. Haber ejercido durante, por lo menos, 12 años la profesión de abogado; o haber desempeñado, por igual tiempo, las funciones de Juez de una Corte de Apelación, Juez de Primera Instancia o Juez del Tribunal de Tierras, o representante del Ministerio Público ante dichos tribunales. Los períodos en que se hubiesen ejercido la abogacía y las funciones judiciales podrán acumularse.

Artículo 66. El Ministerio Público ante la Suprema Corte de Justicia estará representado por el Procurador General de la República, personalmente o por medio de los sustitutos que la ley pueda crearle. Tendrá la misma categoría que el Presidente de dicha Corte y las atribuciones que le confieren las leyes.

Para ser Procurador General de la República se requieren las mismas condiciones que para ser Juez de la Suprema Corte de Justicia.

Artículo 67. Corresponde exclusivamente a la Suprema Corte de Justicia, sin perjuicio de las demás atribuciones que le confiere la ley:

1. Conocer en única instancia de las causas penales seguidas al Presidente y al Vicepresidente de la República, a los Senadores, Diputados, Secretarios de Estado, Subsecretarios de Estado, Jueces de la Suprema Corte de Justicia, Procurador General de la República, Jueces y Procuradores Generales de las Cortes de Apelación, Abogado del Estado ante el Tribunal de Tierras, Jueces del Tribunal Superior de Tierras, a los miembros del Cuerpo Diplomático, de la Junta Central Electoral y de la Cámara de Cuentas y los Jueces del Tribunal Contencioso Tributario; y de la constitucionalidad de las leyes, a instancias del Poder Ejecutivo, de uno de los Presidentes de las Cámaras del Congreso Nacional o de parte interesada.
2. Conocer de los recursos de casación de conformidad con la ley.
3. Conocer, en último recurso de las causas cuyo conocimiento en primera instancia competa a las Cortes de Apelación.
4. Elegir los Jueces de las Cortes de Apelación, del Tribunal de Tierras, de los Juzgados de Primera Instancia, los Jueces de Instrucción, los Jueces de Paz y sus suplentes, los Jueces del Tribunal Contencioso Tributario y los Jueces de cualesquier otros tribunales del orden judicial creados por la ley, de conformidad a lo establecido en la Ley de Carrera Judicial.
5. Ejercer la más alta autoridad disciplinaria sobre todos los miembros del Poder Judicial, pudiendo imponer hasta la suspensión o destitución en la forma que determine la ley.
6. Trasladar provisional o definitivamente, de una jurisdicción a otra, cuando lo juzgue útil, los Jueces de las Cortes de Apelación, los Jueces de Primera Instancia, los Jueces de Jurisdicción Original del Tribunal de Tierras, los Jueces de Instrucción, los Jueces de Paz y los demás jueces de los tribunales que fueren creados por la ley.

7. Crear los cargos administrativos que sean necesarios para
que el Poder Judicial pueda cumplir cabalmente las atribuciones que le confiere esta Constitución y las leyes.
8. Nombrar todos los funcionarios y empleados que depen-
dan del Poder Judicial.
9. Fijar los sueldos y demás remuneraciones de los jueces y
del personal administrativo perteneciente al Poder Judicial.

Sección III. De las Cortes de Apelación

Artículo 68. Habrá, por lo menos, nueve Cortes de Apelación para toda la República. El número de jueces que deben componerlas, así como los distritos judiciales que a cada
Corte correspondan, se determinarán por la ley.

Párrafo I. Al elegir los Jueces de las Cortes de Apelación,
la Suprema Corte de Justicia dispondrá cuál de ellos deberá ocupar la Presidencia y designará un primero y segundo
sustitutos para reemplazar al Presidente en caso de falta o
impedimento.

Párrafo II. En caso de cesación de un juez investido con una
de las calidades arriba expresadas, la Suprema Corte de Justicia elegirá un nuevo juez con la misma calidad o atribuirá
ésta a otro de los jueces.

Artículo 69. Para ser juez de una Corte de Apelación se requiere:

1. Ser dominicano.

2. Hallarse en el pleno ejercicio de los derechos civiles y políticos.

3. Ser licenciado o doctor en Derecho.

4. Haber ejercido durante cuatro años la profesión de abogado, o haber desempeñado por igual tiempo, las funciones de Juez de Primera Instancia, de representantes del Ministerio Público ante los tribunales de Juez de Jurisdicción Original del Tribunal de Tierras. Los períodos en que se hubiesen ejercido la abogacía y las funciones judiciales podrán acumularse.

Artículo 70. El Ministerio Público está representado en cada Corte de Apelación por un Procurador General, o por los sustitutos que la ley pueda crearle, todos los cuales deberán reunir las mismas condiciones que los jueces de esas Cortes.

Artículo 71. Son atribuciones de las Cortes de Apelación:

1. 1. Conocer de las apelaciones de las sentencias dictadas por los Juzgados de Primera Instancia.
2. 2. Conocer en primera instancia de las causas penales seguidas a los Jueces de Primera Instancia, Jueces de Jurisdicción Original del Tribunal de Tierras, Jueces de Instrucción, Procuradores Fiscales y Gobernadores provinciales.
3. 3. Conocer de los demás asuntos que determinen las leyes.

Sección IV. Del Tribunal de Tierras

Artículo 72. Las atribuciones del Tribunal de Tierras estarán determinadas por la ley.

Párrafo.. Para ser Presidente o Juez del Tribunal Superior de Tierras se requieren las mismas condiciones que para ser Juez de una Corte de Apelación, y para desempeñar el cargo de Juez de Jurisdicción Original, las mismas condiciones que para ser Juez de Primera Instancia.

Sección V. De los Juzgados de Primera Instancia

Artículo 73. En cada distrito judicial habrá un Juzgado de Primera Instancia, con las atribuciones que le confiere la ley.

Párrafo.. La ley determinará el número de los distritos judiciales, el número de los Jueces de que deben componerse los Juzgados de Primera Instancia, así como el número de cámaras en que éstos puedan dividirse.

Artículo 74. Para ser Juez de Primera Instancia se requiere ser dominicano, hallarse en el pleno ejercicio de los derechos civiles y políticos, ser licenciado o doctor en Derecho, y haber ejercido la profesión de abogado durante dos años o haber desempeñado por igual tiempo las funciones de Juez de Paz o de Fiscalizador.

Artículo 75. Para ser Procurador Fiscal o Juez de Instrucción se requieren las mismas condiciones exigidas para ser Juez de Primera Instancia.

Sección VI. De los Juzgados de Paz

Artículo 76. En el Distrito Nacional y en cada municipio habrá los Juzgados de Paz que fueren necesarios de acuerdo con la ley.

Artículo 77. Para ser Juez de Paz o Fiscalizador o Suplente de uno u otro, se requiere ser dominicano, ser abogado y estar en el pleno ejercicio de los derechos civiles y políticos. Tendrán las atribuciones que determine la ley.

No será necesaria la condición de abogado para desempeñar las antedichas funciones en los municipios donde no sea posible elegir o designar abogados para las mismas, excepto en el Distrito Nacional y en los municipios cabeceras de provincias donde estas funciones deberán ser desempeñadas por abogados.

Título VII. De la Cámara de Cuentas

Artículo 78. Habrá una Cámara de Cuentas permanente compuesta de cinco miembros por lo menos, elegidos por el Senado de las ternas que le presente el Poder Ejecutivo.

Párrafo.. La Cámara de Cuentas tendrá carácter principalmente técnico.

Artículo 79. Sus atribuciones serán, además de las que le confiere la Ley:

1. 1. Examinar las cuentas generales y particulares de la República.
2. 2. Presentar al Congreso en la primera legislatura ordinaria de cada año el informe respecto de las cuentas del año anterior.

Artículo 80. Los miembros de la Cámara de Cuentas durarán cuatro años en sus funciones.

Artículo 81. Para ser miembro de la Cámara de Cuentas se requiere ser dominicano en el pleno ejercicio de los derechos civiles y políticos, haber cumplido la edad de 25 años y ser doctor o licenciado en Derecho, licenciado en Finanzas, o Contador Público Autorizado. La ley determinará las demás condiciones para ser miembro de dicho organismo.

Título VIII. Del distrito nacional y de los municipios

Artículo 82. El Gobierno del Distrito Nacional y el de los municipios estarán cada uno a cargo de un ayuntamiento, cuyos regidores, así como sus suplentes, en el número que será determinado por la ley proporcionalmente al de habitantes, sin que en ningún caso puedan ser menos de cinco, serán elegidos, al igual que el Síndico del Distrito Nacional y de los Síndicos Municipales y sus suplentes, por el pueblo de dicho Distrito y de los municipios, respectivamente, cada cuatro años, en la forma que determinen la Constitución y las leyes, mediante candidaturas que podrán ser propuestas por partidos políticos o por agrupaciones políticas regionales, provinciales o municipales.

Artículo 83. Los ayuntamientos así como los Síndicos, son independientes en el ejercicio de sus funciones, con las restricciones y limitaciones que establezcan la Constitución y las leyes, las cuales determinarán sus atribuciones, facultades y deberes.

Artículo 84. La ley determinará las condiciones para ejercer los cargos indicados en los **Artículos** 82 y 83. Los extranjeros mayores de edad podrán desempeñar dichos cargos en las condiciones que prescriba la ley, siempre que tengan residencia de más de 10 años en la jurisdicción correspondiente.

Artículo 85. Tanto en la formulación como en la ejecución de sus presupuestos, los ayuntamientos estarán obligados a mantener las apropiaciones y las erogaciones destinadas a cada clase de atenciones y servicios. Los ayuntamientos podrán, con la aprobación que la ley requiera, establecer arbitrios, siempre que éstos no colidan con los impuestos nacionales, con el comercio intermunicipal o de exportación, ni con la Constitución o las leyes.

Título IX. Del régimen de las provincias

Artículo 86. Habrá en cada provincia un Gobernador Civil, designado por el Poder Ejecutivo.

Párrafo.. Para ser Gobernador se requiere ser dominicano, mayor de veinticinco años de edad y estar en el pleno ejercicio de los derechos civiles y políticos.

Artículo 87. La organización y régimen de las provincias, así como las atribuciones y deberes de los Gobernadores Civiles, serán determinados por la ley.

Título X. De las asambleas electorales

Artículo 88. Es obligatorio para todos los ciudadanos ejercer el sufragio.

El voto será personal, libre y secreto.

No podrán votar:

1. 1. Los que hayan perdido los derechos de ciudadanía y aquellos a quienes se les hayan suspendido tales derechos, por virtud de los **Artículos** 14 y 15 de esta Constitución.
2. 2. Los pertenecientes a las fuerzas armadas y cuerpos de policía.

Artículo 89. Las Asambleas Electorales se reunirán de pleno derecho el 16 de mayo de cada cuatro años para elegir el Presidente y Vicepresidente de la República; asimismo para elegir los demás funcionarios electivos, mediando dos años entre ambas elecciones. En los casos de convocatoria extraordinaria, se reunirán a más tardar sesenta días después de la publicación de la ley de convocatoria.

Párrafo.. Las Asambleas Electorales funcionarán en Colegios Electorales cerrados, los cuales serán organizados conforme a la ley.

Artículo 90. Corresponde a las Asambleas Electorales elegir al Presidente y al Vicepresidente de la República, los Senadores y los Diputados, los Regidores de los Ayuntamientos y sus suplentes, el Síndico del Distrito Nacional y los Síndicos

Municipales y sus suplentes, así como cualquier otro funcionario que se determine por la ley.

Párrafo. Cuando en las elecciones celebradas para elegir al Presidente y Vicepresidente de la República, ninguna de las candidaturas obtenga la mayoría absoluta de los votos válidos emitidos, se efectuará una segunda elección cuarenta y cinco días después de celebrada la primera. En esta última elección participarán únicamente las dos candidaturas que hayan obtenido mayor número de votos en la primera elección.

Artículo 91. Las Elecciones se harán según las normas que señale la ley, por voto directo y secreto, y con representación de las minorías cuando haya de elegirse dos o más candidatos.

Artículo 92. Las elecciones serán dirigidas por una Junta Central Electoral y por juntas dependientes de ésta, las cuales tienen facultad para juzgar y reglamentar de acuerdo con la ley.

Párrafo.. Para los fines de este **Artículo**, la Junta Central Electoral asumirá la dirección y el mando de la fuerza pública en los lugares en donde dichas votaciones se verifiquen.

Título XI. De las Fuerzas Armadas

Artículo 93. Las Fuerzas Armadas son esencialmente obedientes y apolíticas y no tienen, en ningún caso, facultad para deliberar. El objeto de su creación es defender la independencia e integridad de la República, mantener el orden público y sostener la Constitución y las leyes. Podrán intervenir, cuando así lo solicite el Poder Ejecutivo, en programas de acción cívica y en planes destinados a promover el desarrollo social y económico del país.

Artículo 94. Las condiciones para que un ciudadano pueda ser miembro de las Fuerzas Armadas están contenidas en la ley de su creación.

Título XII. Disposiciones generales

Artículo 95. La bandera nacional se compone de los colores azul ultramar y rojo bermellón, en cuarteles alternados, colocados de tal modo que el azul quede hacia la parte superior del asta, separados por una cruz blanca del ancho de la mitad de la altura de un cuartel y que lleve en el centro el escudo de armas de la República. La bandera mercante es la misma que la nacional sin escudo.

Artículo 96. El escudo de armas de la República tendrá los mismos colores de la bandera nacional dispuestos en igual forma. Llevará en el centro el libro de los Evangelios, abierto, con una cruz encima surgiendo ambos entre un trofeo integrado por dos lanzas y cuatro banderas nacionales, sin escudo, dispuestas a ambos lados; llevará un ramo de laurel del lado izquierdo y uno de palma al lado derecho; estará coronado por una cinta azul ultramar en la cual se leerá el lema: Dios, Patria y Libertad, y en la base habrá otra cinta de color rojo bermellón con las palabras: República Dominicana. La forma del escudo nacional será de un cuadrilongo, con los ángulos superiores salientes y los inferiores redondeados, el centro de cuya base terminará en punta, y estará dispuesto en forma tal que si se traza una línea horizontal que una las dos verticales del cuadrilongo desde donde comienzan los ángulos inferiores, resulte un cuadrado perfecto.

Párrafo. La ley reglamentará el uso y dimensiones de la bandera y del escudo nacionales.

67

Artículo 97. El Himno Nacional es la composición musical consagrada por la Ley n.º 700, de fecha 30 de mayo de 1934 y es invariable, único y eterno.

Artículo 98. Los días 27 de febrero y 16 de agosto, aniversarios de la Independencia y la Restauración de la República, respectivamente, son de Fiesta Nacional.

Artículo 99. Toda autoridad usurpada es ineficaz y sus actos son nulos. Toda decisión acordada por la requisición de la fuerza armada es nula.

Artículo 100. La República condena todo privilegio y toda situación que tienda a quebrantar la igualdad de todos los dominicanos, entre los cuales no deben contar otras diferencias que las que resulten de los talentos o de las virtudes y en consecuencia, ninguna entidad de la República podrá conceder títulos de nobleza ni distinciones hereditarias.

Artículo 101. Toda la riqueza artística e histórica del país, sea quien fuere su dueño, formará parte del patrimonio cultural de la Nación y estará bajo la salvaguarda del Estado. La ley establecerá cuando sea oportuno para su conservación y defensa.

Artículo 102. Será sancionado con las penas que la ley determine, todo aquel que, para su provecho personal, substraiga fondos públicos o prevaleciéndose de sus posiciones dentro de los organismos del Estado, sus dependencias o instituciones autónomas, obtenga provechos económicos. Serán igualmente sancionadas las personas que hayan proporcionado ventajas a sus asociados, familiares, allegados, amigos o relacionados. Nadie podrá ser penalmente responsable por el hecho de otro ni en estos casos ni en cualquier otro.

Artículo 103. Los yacimientos mineros pertenecen al Estado y solo podrán ser explotados por particulares en virtud de las concesiones o los contratos que se otorguen en las condiciones que determine la ley.

Artículo 104. Es libre la organización de partidos y asociaciones políticas de acuerdo con la ley, siempre que sus tendencias se conformen a los principios establecidos en esta Constitución.

Artículo 105. Sin perjuicio de lo dispuesto por el **Artículo** 23, Inciso 5, de esta Constitución, el Presidente y Vicepresidente de la República electos o en funciones no podrán ser privados de su libertad antes o durante el período de su ejercicio.

Artículo 106. La persona designada para ejercer una función pública deberá prestar juramento de respetar la Constitución y las leyes, y de desempeñar fielmente su cometido. Este juramento se prestará ante cualquier funcionario u oficial público.

Artículo 107. El ejercicio de todos los funcionarios electivos, sea cual fuere la fecha de su elección, terminará el 16 de agosto de cada cuatro años, fecha en que se inicia el correspondiente período constitucional.

Párrafo I. Cuando un funcionario electivo cualquiera cese en el ejercicio del cargo por muerte, renuncia, destitución, inhabilitación u otra causa, el que lo sustituya permanecerá en el ejercicio hasta completar el período.

Párrafo II. Una vez vencido el período para el cual fueron designados los Miembros de la Cámara de Cuentas y el Presidente y demás miembros de la Junta Central Electoral, permanecerán en sus cargos hasta que el Senado haga las nuevas designaciones para el período que se inicia.

Artículo 108. Ninguna función o cargo público a que se refieren esta Constitución y las leyes, serán incompatibles con cargos honoríficos y los docentes, sin perjuicio del **Artículo** 18.

Artículo 109. La justicia se administrará gratuitamente en todo el territorio de la República.

Artículo 110. No se reconocerá ninguna exención, ni se otorgará ninguna exoneración, reducción o limitación de impuestos, contribuciones o derechos fiscales o municipales, en beneficio de particulares, sino por virtud de la ley. Sin embargo, los particulares pueden adquirir, mediante concesiones que autorice la ley, o mediante contratos que apruebe el Congreso Nacional, el derecho irrevocable de beneficiarse, por todo el tiempo que estipule la concesión o el contrato, y cumpliendo con las obligaciones que la una y el otro les impongan, de exenciones, exoneraciones, reducciones o limitaciones de impuestos, contribuciones o derechos fiscales o municipales incidentes en determinadas obras o empresas de utilidad pública o en determinadas obras o empresas hacia las que convenga atraer, para el fomento de la economía nacional, o para cualquier otro objeto de interés social, la inversión de nuevos capitales.

Artículo 111. La unidad monetaria nacional es el peso oro.

Párrafo I. Solo tendrán circulación legal y fuerza liberatoria los billetes emitidos por una entidad emisora única y autónoma, cuyo capital sea de la propiedad del Estado, siempre que estén totalmente respaldados por reservas en oro y por otros valores reales y efectivos, en las proporciones y condiciones que señale la ley y bajo la garantía ilimitada del Estado.

Párrafo II. Las monedas metálicas serán emitidas a nombre del Estado por mediación de la misma entidad emisora, y se pondrán en circulación solo en reemplazo de un valor equivalente de billetes. La fuerza liberatoria de las monedas metálicas en curso y de las que se emitieren en lo adelante será determinada por la ley.

Párrafo III. La regulación del sistema monetario y bancario de la Nación corresponderá a la entidad emisora, cuyo órgano superior será una Junta Monetaria, compuesta de miembros que serán designados y solo podrán ser removidos de acuerdo con la ley y responderán del fiel cumplimiento de sus funciones de conformidad con las normas establecidas en la misma.

Párrafo IV. Queda prohibida la emisión o la circulación de papel moneda, así como de cualquier otro signo monetario no autorizado por esta Constitución, ya sea por el Estado o por cualquier otra persona o entidad pública o privada.

Artículo 112. Toda modificación en el régimen legal de la moneda o de la banca requerirá el apoyo de los dos tercios de la totalidad de los miembros de una y otra Cámara, a menos que haya sido iniciada por el Poder Ejecutivo a propuesta de la Junta Monetaria o con el voto favorable de ésta.

Artículo 113. Ninguna erogación de fondos públicos será válida, si no estuviere autorizada por la ley y ordenada por funcionario competente.

Artículo 114. Anualmente, en el mes de abril, se publicará la cuenta general de los ingresos y egresos de la República hechos en el año anterior.

Artículo 115. La Ley de Gastos Públicos se dividirá en capítulos que correspondan a los diferentes ramos de la administración y no podrán trasladarse sumas de un capítulo a otro ni de una partida presupuestaria a otra, sino en virtud de una ley. Esta ley, cuando no sea iniciada por el Poder Ejecutivo, deberá tener el voto de las dos terceras partes de la totalidad de los miembros de cada Cámara.

Párrafo I. No tendrá efecto ni validez ninguna ley que ordene o autorice un pago o engendre una obligación pecuniaria a cargo del Estado, sino cuando esa misma ley cree fondos especiales para su ejecución o disponga que el pago se haga de las entradas calculadas del año, y de éstas quede en el momento de la publicación de la ley una proporción disponible suficiente para hacerlo.

Párrafo II. El Congreso no podrá votar válidamente ninguna erogación, a menos que esté incluida en el proyecto de Ley de

Gastos Públicos sometido por el Poder Ejecutivo, en virtud del **Artículo** 55 de esta Constitución, o que sea solicitada por el Poder Ejecutivo después de haber enviado dicho proyecto, sino en el caso de que la ley que ordene esa erogación haya sido apoyada por las dos terceras partes de la totalidad de los miembros de cada Cámara; y todo sin derogación de la regla general establecida en el párrafo primero del presente **Artículo.**

Párrafo III. El Congreso no podrá modificar las partidas que figuren en los proyectos de ley que eroguen fondos o en la Ley de Gastos Públicos sometidos por el Poder Ejecutivo, sino con el voto de las dos terceras partes de la totalidad de los miembros de cada Cámara; y de acuerdo con las disposiciones contenidas en el párrafo primero de este **Artículo.** El Congreso podrá, sin embargo, modificar las referidas partidas con la mayoría ordinaria cuando sea a iniciativa del Poder Ejecutivo.

Párrafo IV. Cuando por cualquier circunstancia el Congreso cierre la legislatura sin haber votado el presupuesto de Ingresos y Ley de Gastos Públicos, continuará rigiendo la Ley de Gastos Públicos del año anterior.

Párrafo V. Cuando el Congreso esté en receso, el Poder Ejecutivo podrá disponer por medio de decreto los traslados o transferencias de sumas dentro de la Ley de Gastos Públicos que exijan las necesidades urgentes del servicio administrativo, así como las creaciones o supresiones de cargos administrativos o servicios públicos que afecten aquella ley, con la obligación de someter al Congreso en la próxima legislatura, para su aprobación, las referidas disposiciones. Podrá, asimismo, en el caso previsto por este párrafo, del mismo modo, erogar los fondos necesarios para atender gastos de la administración pública, dando cuenta al Congreso cuando éste se reúna.

Título XIII. De las reformas constitucionales

Artículo 116. Esta Constitución podrá ser reformada si la proposición de reforma se presenta en el Congreso Nacional con el apoyo de la tercera parte de los miembros de una u otra Cámara, o si es sometida por el Poder Ejecutivo.

Artículo 117. La necesidad de la reforma se declarará por una ley. Esta ley, que no podrá ser observada por el Poder Ejecutivo, ordenará la reunión de la Asamblea Nacional, determinará el objeto de la reforma e indicará los artículos de la Constitución sobre los cuales versará.

Artículo 118. Para resolver acerca de las reformas propuestas, la Asamblea Nacional se reunirá dentro de los quince días siguientes a la publicación de la ley que declare la necesidad de la reforma, con la presencia de más de la mitad de los miembros de cada una de las Cámaras. Una vez votadas y proclamadas las reformas por la Asamblea Nacional, la Constitución será publicada íntegramente con los textos reformados.

Por excepción de lo dispuesto en el **Artículo** 27, las decisiones se tomarán en este caso, por la mayoría de las dos terceras partes de los votos.

Artículo 119. Ninguna reforma podrá versar sobre la forma de Gobierno, que deberá ser siempre civil, republicano, democrático y representativo.

Artículo 120. La reforma de la Constitución solo podrá hacerse en la forma que indica ella misma, y no podrá jamás ser suspendida ni anulada por ningún poder ni autoridad ni tampoco por aclamaciones populares.

Título XIV. Disposiciones transitorias

Artículo 121. El período presidencial que se inicia el 16 de agosto de 1994 concluirá, por excepción, el 16 de agosto de 1996.

Artículo 122. Las próximas elecciones presidenciales serán celebradas el 16 de mayo de 1996 y el Presidente y el Vicepresidente de la República electos asumirán sus funciones el 16 de agosto de 1996. Las próximas elecciones congresionales y municipales tendrán lugar el 16 de mayo del 1998 y los funcionarios que resulten electos asumirán cargos el 16 de agosto de 1998.

DADA Y PROCLAMADA en la ciudad de Santo Domingo de Guzmán, Capital de la República Dominicana, en el Palacio del Congreso Nacional, sito en el Centro de los Héroes de Constanza, Maimón y Estero Hondo, hoy día catorce del mes de agosto del año mil novecientos noventa y cuatro; años 151 de la Independencia y 131 de la Restauración
EL PRESIDENTE DE LA ASAMBLEA EMISORA: Ingeniero José Osvaldo Leger Aquino Representante de la provincia de San Cristóbal
EL VICEPRESIDENTE: Licenciado Norge Botello Representante por el Distrito Nacional
LOS SECRETARIOS: Amable Aristy Castro Representante de la provincia La Altagracia Luis Angel Jazmín Representante de la provincia de Samaná Zoila Teresita de Jesús Navarro de la Rosa Representante de la provincia de Monte Cristi

Eunice Josefina Jimeno de Nuñez Representante de la provincia de Santiago Rodríguez

MIEMBROS: Carlos Alberto Amarante Baret Representante de la provincia Espaillat

Luis Alberto Antonio García Representante de la provincia de Sánchez Ramírez

Gerardo Apolinar Aquino Alvarez Representante de la provincia de El Seybo

Ricardo Barceló Representante de la provincia de Hato Mayor

Oscar S. Batista García Representante de la provincia Monseñor

Nouel Héctor R. Capellán Conde Representante de la provincia de María Trinidad

Sánchez Juan Octavio Ceballos Castillo Representante de la provincia Duarte

Quirino Escoto Representante de la provincia de Dajabón

Dioscorides Espinal Nuñez Representante de la provincia de Santiago

Rodríguez Augusto Féliz Matos Representante de la provincia de Barahona

Antonio Féliz Pérez Representante de la provincia de Pedernales

Jaime David Fernández Mirabal Representante de la provincia de Salcedo

Luis José González Sánchez Representante de la provincia de Bahoruco

Wilton B. Guerrero Dumé Representante de la provincia Peravia

Oriol Antonio Guerrero Soto Representante de la provincia de San Juan de la Maguana

Antonio E. Ramón Mateo Reyes Representante de la provincia de Valverde

Jacinto Peynado Garrigosa Representante del Distrito Nacional

Maximiliano Rabelais Puig Miller Representante de la provincia de Puerto Plata

Héctor Rodríguez Pimentel Representante de la provincia Monte Cristi

Messin Sarraf Eder Representante de la provincia Independencia

Manuel Ramón Ventura Camejo Representante de la provincia de Santiago

Porfirio Veras Mercedes Representante de la provincia de La Vega

Florentino Carvajal Suero Representante de la provincia de Elías Piña

Milagros Milqueya Díaz de Arriba Representante del Distrito Nacional

Bienvenida Mercado Representante del Distrito Nacional José Altagracia

Espaillat Guzmán Representante del Distrito Nacional

Fernando Guante García Representante del Distrito Nacional

Modesto Guzmán Valerio Representante del Distrito Nacional

Gema García Hernández Representante del Distrito Nacional

Juan Esteban Olivero Féliz Representante del Distrito Nacional

Arístides Fernández Zucco Representante del Distrito Nacional

Antonio Morel Representante del Distrito Nacional

Luis Emilio Reyes Ozuna Representante del Distrito Nacional

Danilo Medina Sánchez Representante del Distrito Nacional

Ramón Andrés Blanco Fernández Representante del Distrito Nacional

Juan Ducoudray Representante del Distrito Nacional

Gladys Gutiérrez Representante del Distrito Nacional

Luis Incháustegui Representante del Distrito Nacional

Ramón Ricardo Sánchez de la Rosa Representante de la provincia de La Altagracia

Ramón Güílamo Alfonso Representante de la provincia de La Altagracia

Wenceslao Salomón Paniagua Representante de la provincia de Azua

Luis A. Melo Matos Representante de la provincia de Azua

Manuel Reyes Santana Representante de la provincia de Bahoruco

César Francisco Féliz y Féliz Representante de la provincia de Barahona

Julio Sterling Piña Representante de la provincia de Barahona

Ramona Germania Nuñez Díaz Representante de la provincia de Dajabón

Vinicio Alfonso Tobal Ureña Representante de la provincia Duarte

Mario Fernández Saviñón Representante de la provincia Duarte

Enrique Santos Representante de la provincia Duarte

Mario Antigua Cepeda Representante de la provincia Duarte

Miguel Angel González Valenzuela Representante de la provincia de Elías Piña

Rafael Aníbal Pérez Morales Representante de la provincia Espaillat

Fidencio Antonio Carela Polanco Representante de la provincia Espaillat

Nurys García Pappaterra Representante de la provincia Hato Mayor

Andrés Peguero Santana Representante de la provincia Hato Mayor

Miriam Méndez de Piñeyro Representante de la provincia Independencia

Rafael Antonio Sosa Villa Representante de la provincia María Trinidad Sánchez

Alcibíades Pérez Representante de la provincia Monseñor Nouel

Carmen Leyda Mora de Rosario Representante de la provincia de Monte Plata

José Tatis Gómez Representante de la provincia de Monte Cristi

Luis Germán Lora Representante de la provincia de Pedernales

Narciso Bienvenido Montero Gómez Representante de la provincia de Peravia

Flavio Ramón Figueroa Mejía Representante de la provincia de Peravia

René Augusto Merette Thomas Representante de la provincia de Puerto Plata

Oscar Capellán Bodden Representante de la provincia de Puerto Plata

Raymundo Félix Pérez Representante de la provincia de Puerto Plata

Antonio B. Picel Cabral Representante de la provincia de La Romana

Francisco José Torres Alvarez Representante de la provincia La Romana

Juan Francisco Vázquez Cruz Representante de la provincia de Salcedo

Ramón Medina Quezada Representante de la provincia de Salcedo

José Simón Espino Aquino Representante de la provincia de Samaná

Luis Eduardo Puello Domínguez Representante de la provincia de San Cristóbal

Nelly Asunción Pérez Duvergé Representante de la provincia de San Cristóbal

Héctor René González Rodríguez Representante de la provincia de San Cristóbal

Melanio A. Paredes Pinales Representante de la provincia de San Cristóbal

Salvador Eliseo Cabrera Benzant Representante de la provincia de San Cristóbal

Manuel Odalís Mejía Arias Representante de la provincia de San Juan de la Maguana

Nehemía Canio Rodríguez Quezada Representante de la provincia de San Juan de la Maguana

Justo Lebrón Representante de la provincia de San Juan de la Maguana

Arismendy Bautista Ramírez Representante de la provincia de San Juan de la Maguana

Rafaela O. Alburquerque Representante de la provincia de San Pedro de Macorís

Rafael Molina Lluberes Representante de la provincia Sánchez Ramírez

Adalberto Esteban Rosa Hernández Representante de la provincia de Santiago

Marino Collante Gómez Representante de la provincia de Santiago Conrado

Leoncio Matías Vázquez Representante de la provincia de Santiago Ramón

María Rodríguez Representante de la provincia de Santiago

Máximo Castro Silverio Representante de la provincia de Santiago

Juan Bautista Cabrera Representante de la provincia de Santiago

Silvia Ramírez de Veloz Representante de la provincia de Santiago

Juan Rigoberto Hernández Representante de la provincia de Santiago

Gilberto Antonio López Taveras Representante de la provincia de Santiago

Ambrosio Peralta Medina Representante de la provincia de El Seybo

Héctor Ulises Nóbel Comas Jiménez Representante de la provincia de Valverde

Manuel de Jesús Güichardo Vargas Representante de la provincia de Valverde

Antonio de Jesús Capellán Representante de la provincia de La Vega

César Arturo Abreu Fernández Representante de la provincia La Vega

José Ricardo Mejía Hernández Representante de la provincia de La Vega

El suscrito: Consultor Jurídico del Poder Ejecutivo Certifica que la presente publicación es oficial doctor Pedro Romero Confesor

Editora Cromos, S. A. Calle Cervantes N.º 152, Gazcue, Te-
léfonos 682-2455/682-6102 Santo Domingo, D.N., República Dominicana AÑO XLIII 9890

Libros a la carta

A la carta es un servicio especializado para
empresas,
librerías,
bibliotecas,
editoriales
y centros de enseñanza;
y permite confeccionar libros que, por su formato y concepción, sirven a los propósitos más específicos de estas instituciones.

Las empresas nos encargan ediciones personalizadas para marketing editorial o para regalos institucionales. Y los interesados solicitan, a título personal, ediciones antiguas, o no disponibles en el mercado; y las acompañan con notas y comentarios críticos.

Las ediciones tienen como apoyo un libro de estilo con todo tipo de referencias sobre los criterios de tratamiento tipográfico aplicados a nuestros libros que puede ser consultado en Linkgua-ediciones.com.

Linkgua edita por encargo diferentes versiones de una misma obra con distintos tratamientos ortotipográficos (actualizaciones de carácter divulgativo de un clásico, o versiones estrictamente fieles a la edición original de referencia).

Este servicio de ediciones a la carta le permitirá, si usted se dedica a la enseñanza, tener una forma de hacer pública su interpretación de un texto y, sobre una versión digitalizada «base», usted podrá introducir interpretaciones del texto fuente. Es un tópico que los profesores denuncien en clase los desmanes de una edición, o vayan comentando errores de interpretación de un texto y esta es una solución útil a esa necesidad del mundo académico.

Asimismo publicamos de manera sistemática, en un mismo catálogo, tesis doctorales y actas de congresos académicos, que son distribuidas a través de nuestra Web.

El servicio de «libros a la carta» funciona de dos formas.

1. Tenemos un fondo de libros digitalizados que usted puede personalizar en tiradas de al menos cinco ejemplares. Estas personalizaciones pueden ser de todo tipo: añadir notas de clase para uso de un grupo de estudiantes, introducir logos corporativos para uso con fines de marketing empresarial, etc. etc.

2. Buscamos libros descatalogados de otras editoriales y los reeditamos en tiradas cortas a petición de un cliente.